Leserabe
1. Lesestufe

Katja Königsberg • Manfred Mai • Claudia Ondracek

Tiergeschichten

Mit Bildern von Kerstin Völker, Susanne Wechdorn
und Anja Rieger

Ravensburger Buchverlag

Bibliografische Information Der Deutschen Bibliothek:

Die Deutsche Bibliothek verzeichnet diese Publikation
in der Deutschen Nationalbibliografie.
Detaillierte bibliografische Daten sind im Internet
über **http://dnb.ddb.de** abrufbar.

1 2 3 10 09 08

Diese Ausgabe enthält die Bände
„Delfingeschichten“ von Katja Königsberg mit Illustrationen von Kerstin Völker,
„Ein tierischer Schultag“ von Manfred Mai mit Illustrationen von Susanne Wechdorn
und „Dinosauriergeschichten“ von Claudia Ondracek mit Illustrationen von Anja Rieger

Ravensburger Leserabe

Umschlagbild: Betina Gotzen-Beek
Illustration Leserabe: Heribert Schulmeyer
Umschlagkonzeption: Sabine Reddig
Printed in Germany
ISBN 978-3-473-36349-0

www.ravensburger.de
www.leserabe.de

Inhalt

Katja Königsberg

Delfingeschichten

Mit Bildern von Kerstin Völker

Inhalt

Kleiner Pirat über Bord

Stolz segelt ein Schiff
über das glatte Meer.
Die Fahne verrät:
Es ist ein Piratenschiff!

An Bord sind fünf Piraten,
vier große und ein kleiner.

Plötzlich kommt ein Gewitter.
Die Blitze zucken. Der Donner kracht.
Der Sturm wühlt das Meer auf.

Wie eine Nussschale tanzt
das Piratenschiff auf den Wellen.

Der Kapitän steht am Steuer und ruft:
„Festhalten, Männer!“
So gut es geht,
halten sich alle irgendwo fest.

Nur der kleine Pirat
wird von einer gewaltigen Woge
über Bord gespült.

Jetzt zappelt er im schäumenden Meer.
Er kann zwar schwimmen,
aber die Wellen sind stärker als er.
Hilfe! Er droht zu ertrinken!

Mit einem Mal taucht ein Delfin auf.
Ein schöner, starker Delfin!
Der weiß, was zu tun ist.

Er schwimmt ganz nah
an den kleinen Piraten heran
und hält ihm die Schwanzflosse hin.

Der kleine Pirat greift zu
und lässt sich ziehen.
Ein Glück! Jetzt ist er gerettet!

Das Gewitter zieht weiter.
Der Delfin schwimmt
mit dem kleinen Piraten
zu einer schönen Insel.

In einer felsigen Bucht
machen sie halt.

Der kleine Pirat klettert ans Ufer.
Dort stehen viele Kinder
und sehen ihm neugierig entgegen.

Die Kinder haben aus bunten Blumen schöne Ketten gemacht.
Die hängen sie dem kleinen Piraten jetzt um den Hals.

Dann nehmen sie ihn
an den Händen und sagen:
„Ach, bleib doch bei uns!“

Der kleine Pirat ist einverstanden.
Die Insel gefällt ihm viel besser
als das Piratenschiff.

Doch noch einmal
hält er Ausschau nach dem Delfin.

Da schwimmt er! Da springt er!
Er hat alles gesehen!
Der kleine Pirat winkt ihn heran.
Er will sich bei ihm bedanken.

Er nimmt eine Blumenkette
und legt sie dem Delfin um den Hals.
Der Delfin sieht ihn freundlich an.
Die Blumenkette steht ihm sehr gut.

Jetzt schwimmt er davon.
Ob er wohl irgendwann wieder kommt?

Hilfe, ein Hai!

Mitten im großen Meer schwimmt
ein kleiner Delfin mit seiner Mutter.
Er lernt bei ihr alles,
was er wissen und können muss.

Der kleine Delfin und seine Mutter tauchen bis auf den Meeresgrund.

Sie tanzen zusammen über die Wellen. Seite an Seite springen sie hoch hinauf und dann im Bogen wieder hinab.

Eines Tages darf er zum ersten Mal
mit auf die Jagd.
Seine Mutter und er jagen Sardinen.

Plötzlich sieht der kleine Delfin
in der Ferne einen großen Fisch
durch das Wasser flitzen.

„Was für eine prächtige Sardine!“,
ruft er und will schnell hin.

Seine Mutter versperrt ihm den Weg.
Sie sagt: „Nein, das ist ein Hai!
Haie sind sehr gefährlich.“

Am nächsten Tag tanzt die Mutter
mit ihren Freundinnen über die Wellen.
Sie lässt den kleinen Delfin
eine Weile allein.

Da schwimmt er ohne sie los.
Er hat Appetit auf Sardinen.

Leider begegnet ihm keine einzige.

Er trifft nur eine Qualle.

Aber die schmeckt ihm nicht.

Der kleine Delfin schwimmt weiter.

Er ist hungrig und müde.

Mit einem Mal sieht er in der Ferne
einen schlanken Schatten herumflitzen.
Ist das eine Sardine? Oder ein Hai?
Neugierig schwimmt er näher heran.

Der schlanke Schatten
kommt ihm entgegen.
Er kommt näher und näher!

Jetzt ist er kein Schatten mehr.

Was hat er für schreckliche Zähne!

Hilfe, ein Hai!

Der kleine Delfin macht kehrt.

Er schwimmt um sein Leben.

Der Hai schwimmt hinter ihm her.

Plötzlich rauscht es im Wasser.
Plötzlich zischt es und schnaubt es.
Der kleine Delfin atmet auf.

Ein Glück! Da ist seine Mutter
mit ihren Freundinnen!

Alle bilden eine lebendige Mauer
um ihn herum.
Sie lassen den Hai nicht durch.

Der Hai sieht ein,
dass er der Schwächere ist.
Er gibt auf und verschwindet.

Der kleine Delfin schwimmt
mit den anderen in eine stille Bucht.

Keiner schimpft mit ihm.
Alle sind froh,
dass er noch lebt.
Seine Mama fängt ihm eine Sardine.

Delfine bringen Glück

Nora springt aus dem Bett.
Heute ist ein schöner Tag.
Heute hat sie Geburtstag!

Sie rennt ins Wohnzimmer.
Dort warten schon Mama und Papa.

Auf dem Tisch liegen viele Geschenke.
Sieben Kerzen brennen auf dem Kuchen.

Nora packt aus: die ersehnten Inliner,
ein Buch, ein Spiel, ein blaues T-Shirt
und Schokolade.

Im letzten Päckchen ist
eine silberne Kette
mit einem Delfin-Anhänger.

„Hurra!“, ruft Nora.
Nora mag Hunde und Katzen.
Sie mag Hasen und Meerschweinchen.
Aber am allerliebsten mag sie Delfine.

Mama sagt: „Delfine bringen Glück!
Bestimmt das ganze Jahr und
vielleicht schon heute.“

Papa sagt: „Ich habe noch
eine Überraschung,
die zu der Kette passt.
Wir fahren in den Meeres-Zoo.“

Nora freut sich.
Sie kann es kaum erwarten,
bis sie endlich losfahren.

Im Meeres-Zoo will Nora
als Erstes die Delfin-Schau sehen.

Sie setzen sich nach ganz vorn
in die erste Reihe.
Drei Delfine rauschen ins Becken.
Die Schau fängt an!

Ein junger Mann
stellt die Delfine vor.
Die beiden großen Delfine
heißen Susi und Paul.

Der kleine Delfin heißt
Willi und ist vier Jahre alt.

Plötzlich schnellen zwei Delfine
genau vor Nora in die Höhe
und lassen sich
wieder ins Wasser plumpsen.

Eine gewaltige Wasserwelle
schwappt über den Beckenrand.
Die Zuschauer kreischen vor Vergnügen.

Die Leute in der ersten Reihe
sind ziemlich nass geworden.
Aber Nora ist das egal.

Der junge Mann lacht und fragt sie:
„Willst du mir helfen?“

Schnell läuft sie nach vorn.
Noras Herz klopft vor Aufregung.

Willi steckt seinen Kopf aus dem Wasser und guckt sie freundlich an.

Nora macht alles,
was der junge Mann ihr sagt.
Sie füttert Willi mit einem Fisch.

Sie wirft einen Ball ins Wasser
und Willi holt ihn zurück.

Sie steigt in ein Boot und
Willi zieht sie durchs Wasser.

Zum Abschied winkt Willi
mit seiner Brustflosse.

Nora winkt strahlend zurück.

Mama hat Recht gehabt.

Delfine bringen Glück!

Katja Königsberg war nach ihrem Studium der Germanistik, Anglistik und Kunstgeschichte für verschiedene Verlage tätig. Nach der Geburt ihres Sohnes Leon schrieb sie mehrere Bände für den Leseraben, darunter die Bücher von „Benjamin Katz" und „Das Gespenst auf dem Dachboden". Sie lebt heute in Köln und arbeitet für einen Hörbuchverlag.

Kerstin Völker wurde 1968 in Bad Schwartau geboren. Sie studierte Grafikdesign und arbeitete zunächst in der Werbung, bevor sie sich auf die Illustration von Kinderbüchern, Zeitschriften und Spielen spezialisierte. Heute lebt und arbeitet sie in Hannover. Inspiration und Kritik erhält sie dabei von Töchterchen Matilda. „Delfingeschichten" ist ihr erstes Buch für den Leseraben.

Manfred Mai

Ein tierischer Schultag

Mit Bildern von Susanne Wechdorn

Inhalt

Anne überrascht Julia

Anne steht vor der Haustür.
Sie hat ihren Schulranzen auf dem Rücken und ihren Dackel Schnuffel an der Leine.

Schnuffel bellt und zerrt an der Leine.
„Wir können noch nicht gehen.
Wir müssen auf Julia warten."

Zum Glück dauert es nicht lange,
bis Annes Freundin Julia
aus dem Haus nebenan kommt.

Julia wundert sich, dass Anne
Schnuffel dabeihat. „Musst du noch
mit ihm Gassi gehen?“, fragt sie.

Anne schüttelt den Kopf.

„Das hat meine Mama schon gemacht."

Jetzt versteht Julia gar nichts mehr.

„Und was machst du dann hier

mit Schnuffel?", fragt sie.

„Wir müssen doch jetzt in die Schule."

„Ich nehme ihn heute mit
in die Schule“, antwortet Anne.
Sie krault Schnuffel hinter den Ohren.

Julia zeigt ihrer Freundin einen Vogel.
„Du kannst doch keinen Hund
mit in die Schule nehmen.“

„Kann ich wohl“, sagt Anne. „Meine Mama ist heute bis zwölf Uhr weg. Und wenn Schnuffel ganz allein im Haus ist, fürchtet er sich.“

„Herr Linder schimpft bestimmt mit dir, wenn du Schnuffel mitbringst“, meint Julia.

Anne schüttelt den Kopf und sagt:
„Herr Linder mag Hunde. Das hat er selbst mal gesagt."

Julia verdreht die Augen.
„Aber doch nicht im Klassenzimmer!"

„Das werden wir ja sehen“, sagt Anne.
Sie streicht Schnuffel über den Kopf
und flüstert: „Er mag dich bestimmt.“

Julia, Anne und Schnuffel gehen
auf dem Gehweg zur Schule.
Schnuffel bleibt öfter stehen
und hebt das Bein.

„Wenn dein Schnuffel an jede Ecke und jeden Baum pinkelt, kommen wir noch zu spät“, meckert Julia.

Sie kommen nicht zu spät.
Aber die Kinder schauen Schnuffel mit großen Augen an.

Schnuffel ist kein Nilpferd

Auch Herr Linder staunt,
als er Schnuffel entdeckt.
„Was ist denn das?“, fragt er.

„Ein Hund“, ruft der vorlaute Jens.
„Dass es kein Nilpferd ist,
sehe ich selbst“, sagt Herr Linder.

Die Kinder lachen. Ein Mädchen
streckt Jens die Zunge raus.

„Das ist mein Schnuffel“, murmelt Anne.
Dabei krault sie ihn wieder
hinter den Ohren, dass er fiept.

„Will dein Schnuffel etwa lesen und schreiben lernen?“, fragt Herr Linder und sieht dabei kein bisschen böse aus.

Wieder lachen die Kinder.
„Hunde können doch gar nicht lesen und schreiben lernen“, sagt Jana.

„Jedenfalls nicht in dieser Schule."
Herr Linder möchte wissen,
warum Anne ihren Hund mitgebracht hat.

Da erzählt sie, warum sie Schnuffel
nicht zu Hause lassen konnte.

„Mein Papa ist bei der Arbeit
und meine Mama muss heute Morgen
zu einer Sitzung. Dann wäre Schnuffel
ganz allein zu Hause. Und wenn er
allein ist, fürchtet er sich.“

Das verstehen die Kinder.
Und nun lachen sie auch nicht mehr.

Herr Linder reibt sich lange
am linken Ohrläppchen,
wie immer, wenn er nachdenkt.

„Tiere haben in der Schule eigentlich nichts zu suchen“, sagt er schließlich.

„Aber ich verstehe, dass du
deinen Schnuffel nicht allein
im Haus lassen wolltest.“
Das hätte Herr Linder
lieber nicht sagen sollen.

Eine Schule voller Tiere

Am nächsten Tag wimmelt es
im Klassenzimmer nur so von Tieren.

Jana und Lars haben
Meerschweinchen mitgebracht,
Sofie und Laura ihre Katzen.

Lisa hat ihren Goldhamster dabei,
Markus zwei weiße Mäuse.

Auf dem Tisch von Maria
steht ein Vogelkäfig,
in dem zwei Wellensittiche sitzen.

Sami hält eine Schildkröte
in den Händen.
Neben Michael steht ein Schäferhund.

Paul streichelt seinen Pudel
und Timo bindet seinen Mops
mit der Leine am Stuhl fest.

Das passt dem Mops nicht.
Er fängt an zu zerren und zu bellen.
Sofort bellen auch die anderen Hunde.

Die Katzen mögen Hundegebell nicht,
sie miauen und fauchen.

Den anderen Tieren ist das alles zu laut.
Die Wellensittiche flattern
aufgeregt durch den Vogelkäfig.

Die Meerschweinchen fiepen,
die weißen Mäuse pfeifen.

Der Goldhamster versteckt sich
und die Schildkröte zieht den Kopf ein.

„Was ist denn hier los?“,
fragt Herr Linder. „Ist aus der Schule
jetzt ein Zoo geworden?“

„Ja!“, ruft Jens.
„Und Sie sind der Zoodirektor!“
„Und was bist du?“, fragt Herr Linder.

„Der ist ein blöder Affe“, ruft Jasmin.
„Und du bist eine dumme Gans“,
gibt Jens zurück.

„Wenn hier so viele Tiere sind,
muss ich wohl wirklich im Zoo sein“,
sagt Herr Linder.

Steffen knurrt wie ein Löwe.
Büsra trompetet wie ein Elefant.

Sofort sind alle Tiere still und
schauen ängstlich nach dem Elefanten.

Hilfe, eine Maus!

Herr Linder stellt seine Tasche ab
und setzt sich auf das Pult.

„So habe ich mir den Unterricht
zwar nicht vorgestellt", sagt er.

„Aber wenn ihr eure Tiere heute schon mitgebracht habt, werden wir uns mal über Haustiere unterhalten."

Während Herr Linder von Tieren erzählt, entwischt Markus eine Maus.

Sie klettert blitzschnell an Herrn Linders Hose hoch.

Bevor er etwas merkt,
sitzt die Maus auf seiner Schulter.

Das sehen die Katzen.
Sofort machen sie sich los
und wollen die Maus fangen.

Die Hunde jagen hinter den Katzen her.
Und alle springen an Herrn Linder hoch.

Der steigt schnell auf das Pult und ruft:
„Was ist denn los mit euch?
Was wollt ihr denn von mir?
Weg da! Verschwindet!“

„Meine Maus! Meine Maus!“,
ruft Markus ängstlich.

Da entdeckt Herr Linder die Maus
auf seiner Schulter.
„Hilfe, eine Maus!“, kreischt er
und schüttelt sich.

Die Maus kann sich nicht mehr halten
und fliegt auf das Pult. Herr Linder
springt mit einem Satz hinunter und
bringt sich vor der Maus in Sicherheit.

Bevor eine Katze die ängstliche Maus
schnappen kann, ist Markus bei ihr,
nimmt sie in die Hände
und beschützt sie vor den Katzen.

„Holt eure Hunde und Katzen zurück!“, ruft Herr Linder. „Ihr bringt jetzt alle Tiere nach Hause.

Ich muss mich erst mal von dem Schreck erholen. Heute fällt die Schule aus!“

Die Kinder laufen johlend
aus dem Klassenzimmer.

Manfred Mai wurde 1949 in Winterlingen auf der Schwäbischen Alb geboren. Dort hat er zunächst als Maler und Werkzeugschleifer gearbeitet. Später ist er Lehrer geworden und heute ist er ein sehr erfolgreicher Kinderbuchautor. Er lebt mit seiner Frau und zwei Töchtern dort, wo er geboren ist, und manchmal schreibt er auch so, wie man dort spricht, nämlich schwäbisch.

Susanne Wechdorn wurde in Österreich, in der Nähe von Wien, geboren. Sie studierte Rechtswissenschaften an der Universität Wien und erwarb sich dabei einen Doktortitel. Danach machtesie eine Ausbildung zur Grafikdesignerin und arbeitet seit einigen Jahren als freie Illustratorin und Grafikerin in Wien. Sie hat schon viele Kinder- und Schulbücher illustriert. Für das Buch „Wenn Jakob unterm Kirschbaum sitzt“ erhielt sie zusammen mit der Autorin Sigrid Laube den Kinderbuchpreis der Stadt Wien und den Österreichischen Staatspreis.

Claudia Ondracek

Dinosauriergeschichten

Mit Bildern von Anja Rieger

Inhalt

Nichts wie weg!

Lea trägt Gummi-Dino
durch das Museum.

Überall hängen Bilder von Dinosauriern.
Riesige Skelette stehen herum.
Alte Knochen und Schädel
liegen hinter Glas.

„Hier bleibe ich“,
murmelt Gummi-Dino begeistert.
„Die sehen so aus wie ich.
Das ist meine Familie!“

Lea setzt sich auf eine Bank.
Gummi-Dino sitzt neben ihr.

Plötzlich ruft Leas Mama.

Lea läuft zu ihr.

„Nichts wie weg“,

denkt Gummi-Dino und versteckt sich.

Gerade noch rechtzeitig!

Denn schon kommt Lea ihn suchen.
„Gummi-Dino, wo bist du nur?“,
hört er sie rufen. „Wir gehen!“

Aber Gummi-Dino rührt sich nicht.
Er will hierbleiben!

Das Museum leert sich.
Die Lichter gehen aus.
Es wird still …

… aber nicht lange!
Plötzlich klappert es.
Gummi-Dino kriecht hervor.

Das Riesenskelett bewegt sich.
„Hallo, Langhals“, ruft Gummi-Dino.
„Bist du mein Papa?“

Der lange Hals kommt näher.
„Papa? Von dir Wurm?
Nie und nimmer!“

Gummi-Dino wandert weiter.
Überall knackt und knistert es.
Dinosaurier klettern aus den Bildern.
Es herrscht ein wildes Treiben.

„Du gehörst zu meiner Familie“,
sagt Gummi-Dino plötzlich.
„Solche Zähne habe ich auch!“

„Hau bloß ab“,
faucht der Raubsaurier.
„Sonst fresse ich dich!“

Schnell rennt Gummi-Dino weiter.
Wieso sind alle nur so unfreundlich?

„Was für ein komischer Stachel-Dino
bist du denn?“,
kichert da ein Kopf neben ihm.

Von allen Seiten kommen
Dinosaurier auf ihn zu.
„Was willst du hier?“, fauchen sie.

Gummi-Dino schaut sich verzweifelt um.
Erkennt ihn denn niemand?
Er ist doch einer von ihnen!

Von dem hat er den langen Hals.

Von dem den Kopf mit den Zähnen.

Von dem die Stacheln.

Aber keiner sieht so aus wie er.

Er hat von allen etwas.

„Du bist keiner von uns“,
donnert das Riesenskelett.
„Verschwinde!“

Der Raubsaurier reißt sein Maul auf.
Nur weg hier, denkt Gummi-Dino.

Da geht plötzlich das Licht an.
Die Dinosaurier klettern wieder
in ihre Bilder, das Skelett erstarrt.
Der Spuk ist vorbei.
Die ersten Besucher kommen.

Gummi-Dino atmet erleichtert auf.
Er will nur weg hier.
Da greift eine Hand nach ihm.

„Da bist du ja“, ruft Lea glücklich.
„Endlich habe ich dich gefunden!“
Ja, zum Glück, denkt Gummi-Dino.

Dickköpfe

Jan und Anna klettern
im alten Steinbruch herum.

Sie haben schon
toll glänzende Steine gefunden –
sogar einen mit Versteinerung.

„Das war mal eine Schnecke“,
sagt Anna. „Die ist
viele viele Tausend Jahre alt!“

„Ein richtiger Urzeit-Schatz!“,
ruft Jan und springt weiter.
„Schau mal, da liegt ein Knochen.“

„Vielleicht ist der ja auch
so alt wie die Schnecke“,
murmelt Anna aufgeregt.

„Glaubst du?“, fragt Jan
mit großen Augen.
„Komm, wir fragen Opa!“

Opa weiß nämlich fast alles.
Er war mal Tierforscher
und hat Regale voller Bücher.

Er schaut sich den Knochen genau an.
„Unfassbar“, ruft Opa begeistert.
„Ihr habt den Knochen gefunden.
Den suche ich schon seit Wochen!“

„Wieso denn?“, fragen Jan und Anna.
„Kommt mal mit“, meint Opa
und führt die beiden in den Keller.

Genau zu der Tür,
die immer verschlossen ist.
Die Tür zu Opas Geheimnis!

„Was soll das denn sein?“,
murmelt Jan erstaunt.

Opa legt den Knochen
vorsichtig zu den anderen.
„Er passt“, murmelt er.
„Endlich ist der Dino vollständig!“

„Was, der Knochenhaufen da
soll ein Dino sein?“, fragt Anna.

„Ja, ein Dickkopf-Dinosaurier“,
erklärt Opa und strahlt.
„Die ersten Knochen habe ich
zufällig gefunden –
und seitdem suche ich!“

Er malt mit Kreide eine Linie
um die Knochen.
Die Kinder staunen.
Jetzt sehen die Knochen
wirklich wie ein Dino aus.

„Und wieso heißen die
Dickkopf-Dinos?“, fragt Jan.

Opa holt ein dickes Buch.
„Dinosaurier – Tiere der Urzeit“
steht darauf.

„Die heißen so,
weil sie sich mit ihren Dickschädeln
beim Kämpfen gerammt haben“,
erklärt Opa und zeigt auf ein Bild.

„Wir vier werden jetzt berühmt“,
sagt Opa dann.
„Wir vier?“, fragt Anna.

„Wir drei, weil wir die Knochen
im Steinbruch entdeckt haben“,
meint Opa und lacht.

Dann zeigt er auf die Knochen.
„Und er, weil er
das erste vollständige Skelett
eines Dickkopf-Dinos ist.
Eine richtige Sensation!“

Der Saurier-Drachen

„A…auf d…dem Klo
sitzt ein Ungeheuer“,
stammelt Moritz kreidebleich.
Juri starrt ihm verdattert hinterher.

Langsam öffnet er die Tür.
Schluchzt da nicht jemand?
Juri schleicht zum letzten Klo.

Die Tür quietscht.

Erst sieht Juri nur einen Schatten.

Tränen tropfen auf den Boden.

Juri schaut hoch –

und hält die Luft an.

Da sitzt ein grünes Wesen mit Flügeln.
„Ptera mein Name“, sagt der Grüne.
„Aus der Gattung der Flugsaurier.“

„Flugsaurier?“
Juri starrt den Grünen an.
„Die sind doch längst ausgestorben!“

„Auf der Erde ja“, meint der Grüne,
„aber nicht auf Nodon,
einem fernen Planeten!
Ich wollte unbedingt mal hierher,
um mir alles anzuschauen.

Aber jeder rennt weg vor mir.
Dabei tue ich keiner Fliege was!“

„Na ja“, murmelt Juri.
„Du siehst halt unheimlich aus!“

„Du für mich auch“, schluchzt Ptera
und flattert mit seinen Flügeln.
Juri geht schnell in Deckung.
„Wow, machst du einen Wind!“

Plötzlich ruft Juri: „Ich hab's:
Gleich ist Drachen-Fliegen.
Du wirst einfach mein Drachen!
So kannst du dir alles anschauen
und keiner kriegt Angst vor dir."

Ptera nickt begeistert.
Juri klemmt ihn unter seinen Arm.

Er geht in den Pausenhof.
Dort stehen schon viele Kinder
mit ihren Drachen.

Juri knotet vorsichtig
ein langes Seil an Pteras Hals.
„So hält dich keiner für echt!“

Der Wind bläst schwach.
Ein Drachen nach dem anderen
steigt langsam in die Lüfte.

Juri lässt Ptera los.
Wie eine Rakete saust er hoch.

Ptera schlägt Purzelbäume
und tanzt wild in der Luft.

Alle staunen über Juris Drachen.
Plötzlich schießt Ptera
wie ein Pfeil nach unten.

„Danke“, raunt er Juri im Flug zu.
„Ich muss jetzt zurück!“
„Guten Flug“, ruft Juri ihm hinterher
und lässt das Seil los.

Claudia Ondracek wollte nach ihrem Geschichtsstudium erst in einem Museum arbeiten, landete dann aber im Kinderbuchverlag. Schnell hat sie gemerkt, dass sie sich zwischen frechen Indianern, wilden Seeräubern und neugierigen Dinosauriern richtig wohl fühlt. So sehr, dass sie vor einigen Jahren anfing, selbst Geschichten zu schreiben. Die fallen ihr in ihrem Arbeitszimmer über den Dächern von Berlin ein oder wenn sie mit ihrem Sohn herumtobt ...

Anja Rieger, 1961 geboren, hat erst Goldschmiedin gelernt und dann Grafikdesign an der Hochschule der Künste in Berlin studiert. Als es ihr in den Werbeagenturen zu eng wurde, machte sie sich 1993 selbstständig und begann auch Bilderbücher zu illustrieren und zu schreiben. Seitdem schwingt sie mit großer Begeisterung Stift und Pinsel.

Leserätsel

mit dem Leseraben

Super, du hast das ganze Buch geschafft!
Hast du die Geschichten ganz genau gelesen?
Der Leserabe hat sich ein paar spannende
Rätsel für echte Lese-Detektive ausgedacht.
Mal sehen, ob du die Fragen beantworten kannst.
Wenn nicht, lies einfach noch mal
auf den Seiten nach. Wenn du die richtigen
Antwortbuchstaben in die Kästchen auf Seite 136
eingesetzt hast, bekommst du das Lösungswort.

Fragen zu den Geschichten

1. Wohin bringt der Delfin den kleinen Piraten?
(Seite 13)

T : Zu einer schönen Insel.

K : Zurück zum Piratenschiff.

2. Warum schwimmt der kleine Delfin so nahe an den Hai heran? (Seite 25)

I : Er rätselt, ob es ein Hai oder eine Sardine ist.

P : Weil er mit seiner Mutter Haie jagt.

3. Warum ist Nora bei der Delfinschau aufgeregt? (Seite 39)

E : Weil sie bei der Vorführung mitmachen darf.

N: Weil sie Angst vor Wasser hat.

4. Warum nimmt Anne Schnuffel mit in die Schule? (Seite 57)

R : Schnuffel hat Angst, wenn keiner bei ihm ist.

B : Schnuffel möchte gerne rechnen lernen.

5. Und was sagt Annes Lehrer dazu? (Seite 64)

O: Herr Lindner ist böse und schimpft mit Anne.

A: Herr Lindner fragt Anne, ob Schnuffel lesen und schreiben lernen möchte.

6. Welche Tiere bringen die anderen Kinder mit? (Seite 69–71)

L : Ein Pferd, ein Ferkel und Goldfische.

R : Meerschweinchen, Katzen, Mäuse, einen Hamster, Wellensittiche, eine Schildkröte und mehrere Hunde.

7. Warum versteckt sich der Gummi-Dino? (Seite 98/99)

A : Weil er Angst vor Lea hat.

T : Weil er im Museum bleiben will.

8. Was finden Jan und Anna im Steinbruch? (Seite 110/111)

E : Sie finden Steine und einen Knochen.

I : Sie entdecken einen Schädel.

Lösungswort:

1	2	3	4	G	5	6	7	8	N

Rabenpost

Super, alles richtig gemacht! Jetzt wird es Zeit für die RABENPOST.
Schicke dem LESERABEN einfach eine Karte mit dem richtigen Lösungswort. Oder schreib eine E-Mail. Wir verlosen jeden Monat 10 Buchpakete unter den Einsendern!

An den LESERABEN
RABENPOST
Postfach 20 07
88 190 Ravensburg
Deutschland

leserabe@ravensburger.de
Besuch mich doch auf meiner Webseite:
www.leserabe.de

Rabenleicht lesen lernen in 3 Stufen

3. Lesestufe

Leseprofi ab der 3. Klasse

- Geschichten mit längeren Kapiteln
- Viele text-begleitende Bilder
- Fibelschrift: Abc

ISBN 978-3-473-**36228**-8

2. Lesestufe

Erstleser ab der 2. Klasse

- Geschichten mit kurzen Kapiteln
- Viele textunter-stützende Bilder
- Große Fibelschrift: Abc

ISBN 978-3-473-**36170**-0

1. Lesestufe

Leseanfänger ab der 1. Klasse

- Kurze Textabschnitte
- Sehr viele text-erklärende Bilder
- Extragroße Fibelschrift: Abc

ISBN 978-3-473-**36217**-2

Extragroßes Buchformat

Ravensburger

Ravensburger Bücher **vom Leseraben**

Leserabe

1. Lesestufe für Leseanfänger ab der 1. Klasse

ISBN 978-3-473-**36178**-6

ISBN 978-3-473-**36179**-3

ISBN 978-3-473-**36164**-9

2. Lesestufe für Erstleser ab der 2. Klasse

ISBN 978-3-473-**36169**-4

ISBN 978-3-473-**36067**-3

ISBN 978-3-473-**36184**-7

3. Lesestufe für Leseprofis ab der 3. Klasse

ISBN 978-3-473-**36177**-9

ISBN 978-3-473-**36186**-1

ISBN 978-3-473-**36188**-5

ERZ_06_010

www.ravensburger.de / www.leserabe.de

Ravensburger